VIE PRIVÉE

DU C. SAVOISY,

DANS SES RAPPORTS POLITIQUES.

VIE PRIVÉE

DU C. SAVOISY,

MEMBRE DE LA SOCIÉTÉ LIBRE DES SCIENCES, LETTRES ET ARTS,

DANS SES RAPPORTS POLITIQUES,

AVEC LE PREMIER PLAN

QUI DONNA LIEU

A LA REGENERATION DE LA FRANCE.

A PARIS,

DE L'IMPRIMERIE DES SCIENCES ET ARTS,
RUE VENTADOUR, N.º 474.

VENTÔSE AN 12. —— 1804.

PRÉFACE.

LES Étrangers et beaucoup de Français,
ceux qui ont été les témoins les plus contemporains de leur régénération, imaginent
que son œuvre n'est que l'effet d'une crise
ou d'un mouvement subit tenant de la légéreté du caractère national, semblable à
celui de la foudre, frappant tantôt la cime
du cèdre, tantôt les entrailles de la terre.
C'est pour détromper l'un et l'autre sur ce
point erroné, que l'on a fait cette réunion
d'objets qui rendront des idées plus exactes
dans les esprits agités, ou dans les regards
philosophiques, compagnons de l'homme
de bonne foi.

Le tableau rapide de la cour de France
dans les derniers règnes, mis dans une ac-
tion passive, offre un vrai document aux
nations policées de l'Europe, qui ont besoin de certain retour dans l'ordre de leur
gouvernement, sur lequel influe plus ou

moins ce qu'on appelle, dans tous les Empires, leur cour. Une position semblable à celle décrite, est un agent destructeur de l'ensemble d'un Etat, et un véritable cratère sous les pieds de son souverain ordonnateur. La réforme mal faite ou mal saisie dans cet objet, offre un égal danger. La mèche salutaire qui brûle une partie du corps gangrené, dissout dans ce cas sa totalité.

Ce tableau, qui est fort aisé à saisir dans son ensemble, peut être fort utile aux nouveaux Empires que la politique ou la main du sage a formés. Il fixe la justesse du coup d'œil sur les vices qu'il faut éviter dans la confection d'une partie aussi délicate. Si cet ouvrage présente peu de feuilles à la lecture, il offre de profondes vérités à la méditation, d'autant mieux qu'elles se rattachent à des parties fort lumineuses, et au grand ensemble du premier plan, qui fut donné dans un tems où les idées étaient bien loin d'être fixes sur cet important objet.

VIE PRIVÉE

DE L'AUTEUR,

DANS SES RAPPORTS POLITIQUES.

Quelques personnes s'étonnent comment j'ai pu réunir autant de moyens, et mettre une égale constance pour utiliser le plan que j'ai conçu, dès 1775, d'opérer dans mon pays une régénération totale dans les mœurs, dans les idées, même dans les termes comme dans les esprits. Je vais leur faire connaître, avec la franchise qui me caractérise, la situation préliminaire à cette époque qui y entraîna mon génie, et a encore plus stimulé mon activité.

L'état de ma fortune, la simplicité de mon ame, les moyens qui me sont encore demeurés, m'auraient fait préférer l'état de paix à une continuelle tourmente, si les circonstances impératives développées dans ce Mémoire, ne m'eussent entraîné à prendre part aux plus grands objets politiques. Ce qu'on va voir y a donné la première impulsion, et l'amour brûlant de ma patrie y a consacré mes soins.

CHAPITRE PREMIER.

Il entre dans un Régiment de Dragons.

JE suis entré fort jeune dans le service militaire. Pour n'être pas trop long sur cet article, je ne parlerai pas de deux différens corps où j'ai fait mes premières armes comme mousquetaire, et comme sous-aide-major d'un régiment de ligne. Mais je fus pourvu, entre vingt-trois et vingt-quatre ans, d'une compagnie de dragons. Le ministre d'alors se fit une affaire si personnelle de mon choix pour cet emploi, qu'il ne songea pas même à consulter si le chef de ce corps n'avait pas quelqu'un à y proposer, et qu'il y eût des réformés. Il me nomma tout de suite à la place de la compagnie commandante, qu'abandonnait le second fils du feu maréchal de Laval, pour être colonel du régiment d'Auvergne. J'allai occuper cette place en 1772, c'est-à-dire une compagnie titulaire portant mon nom. C'eût été un sujet de trouble pour moi, si ce même chef n'eût été le plus aimable des hommes qu'aucune des cours ait jamais possédés, dans le genre de la courtoisie et de ces agrémens qui excitent une si grande rivalité. Plusieurs femmes se disputèrent son cœur et le possédèrent à la fois. Il combattit pour elles, et fut tour à tour victime et de leur inconstance et de leur amour. Il reçut, dans un combat singulier, une blessure de la main d'un prince qui mettait plus de gloire à cueillir des lauriers qu'à combattre pour des femmes.

Je fus fort bien avec ce colonel, dont les goûts s'accordaient alors parfaitement avec les miens, et chez qui mes études ne portaient aucun trouble. Il n'en fut pas de même vis-à-vis de celui à qui il remit le commandement de son régiment, qui avait des mœurs toutes contraires, et une prétention sans bornes ; il ne manquait pas de certains moyens militaires, qui, en tems de paix, ont fait donner le titre de faiseur à ceux qui s'y distinguaient. Voyant que je m'en occupais beaucoup, et davantage encore d'économie politique, il me crut d'un côté un rival, et de l'autre un économiste. Je ne m'y entendais peut-être pas plus à cette époque, que mes camarades de la meilleure compagnie, qui n'approfondissaient pas dans ce tems, pour la plupart, les sciences (tant l'officier français était dissipé), ne s'entendirent sur trois petits ouvrages que je composai, qu'ils appelèrent tactique.

Ils avaient rapport à la formation, la discipline, et la subsistance des troupes. Ils firent valoir beaucoup les encouragemens que je reçus de la part des généraux les plus célèbres de cette période de paix, que je n'attribuai depuis ,

lorsque mes passions devinrent plus calmes,
qu'à l'avantage d'avoir un parent ministre, qui
disait et écrivait que j'avais le travail fort aisé,
et m'exhortait à n'avoir pas d'amour-propre. Je
n'en avais pas alors : il prit naissance des soins
mêmes que le ministre se donnait pour me rendre
modeste. Ses collègues n'imitèrent pas cette
sage conduite, en me prodiguant des louanges à
tout propos, qui purent nuire en donnant de
l'envie à mon avancement militaire. Mon colonel en prit ombrage, donna tous ses soins à me
contrarier, aidé par les pratiques souterraines
de quelques chefs de bureau, qui eurent besoin
de lui faire leur cour. Il faut rendre justice à
celui-ci, il mettait fort bien un régiment à che-
val, entendait passablement la conduite ordi-
naire d'un corps, et savait aussi le conserver
dans une très-bonne tenue. Voilà tout ce qu'un
colonel doit savoir : c'est aux grades division-
naires à développer de plus grands talens ;
comme à tous les officiers des grades inférieurs,
d'exécuter littéralement les ordres qu'ils ont
reçus. C'est ce que je me suis dit mille fois,
quand il n'a plus été tems de l'appliquer pour
moi, c'est-à-dire dans ma jeunesse, puisqu'il
y a plus de vingt ans que je n'ai été attaché à
aucune troupe, mais à un corps où j'ai pu,
comme les ingénieurs, en tems de paix, m'appliquer à la grande tactique, et à certaines œuvres
de cabinet de ce genre, sur lesquelles feu M. le

comte de Maillebois, qui avait de grands moyens, et qu'on s'obstina à ne pas employer, me donna des instructions très-savantes, et par lesquelles je pourrais éterniser sa mémoire. Ce qu'il m'apprit, m'a mis à même de suivre et saisir, au moins pour la topographie, les brillantes campagnes de nos généraux français, pour le service de la république, et d'être en état de repousser les attaques contre eux, dans les sociétés ou nulles, ou à demi-instruites.

M. de Maillebois me communiqua une partie des premiers moyens sur les subsistances, qui me donnèrent ceux d'écrire sur ce sujet. J'étais alors fort jeune. Comme il m'affectionnait beaucoup, il me procura tous les éclaircissemens nécessaires, au point que j'en fis mon objet principal.

CHAPITRE II.

Sur la rancune du Gouvernement.

L'ancien gouvernement avait une très-mauvaise habitude : il mettait en désuétude celui qui avait eu des tracasseries de cour ou des affaires de corps, tels que les ministres à qui l'on avait fait quitter leur place pour la donner à d'autres; des généraux en sous-ordre, et des subalternes que leurs supérieurs avaient pris en répugnance; ce qui porte un grand préjudice aux gouvernemens en général, et nourrissant les haines, occasionne les plus cruelles vengeances dans les révolutions qui surviennent, et même dans les plus simples agitations qu'ils éprouvent.

Le feu comte de Maillebois avait été aussi disgracié de la cour. C'était un homme du plus grand talent, et celui à qui j'ai vu réunir le plus de connaissances sur toutes les parties. Il fut accusé d'avoir fait perdre la bataille d'Hastembec, pour décréditer le maréchal d'Estrées, dont la marquise de Pompadour, maîtresse de Louis XV, était ennemie de la maison. Cet officier général fut puni grièvement par une longue détention : ce n'était pas assez; il fallait lui faire perdre la tête, ou ne pas s'en ressouvenir. Il y avait dans la conduite qu'on a tenue avec lui, comme avec beaucoup d'autres, une bien mauvaise logique ; car un officier qui fait, dans sa jeunesse, des fautes d'insubordination, si on le désespère au bout d'un certain tems qui peut lui tenir lieu de punition, est capable d'aggraver sa faute ou de la réparer à l'avantage de la patrie, si on lui en donne l'occasion : sa reconnaissance pour le gouvernement est sans bornes, comme son ressentiment peut être plus ou moins extrême, si on lui fait perdre tout espoir raisonnable.

Quelques années avant la mort de M. de Maillebois, feu M. le comte de Vergennes, ministre des affaires étrangères , chef du conseil des finances , ministre aimant à faire des amis au gouvernement, et à lui concilier ceux dont le mérite pouvait tourner à son désavantage, trouva le moyen de faire employer M. de Maillebois, *après vingt ans* de désuétude , à une opération très-importante , qui lui donna entrée dans les conseils, dont il avait été écarté tant d'années, sur les allégations de rivaux qui perdirent, par ignorance , des batailles qu'il était capable de gagner par autant de motifs d'instruction, que pour effacer jusqu'à la trace des torts qu'on lui reprochait.

« Chef du gouvernement le plus sage , pesez
» cette vérité ; vous l'avez employée si géné-
» reusement vis-à-vis de certains hommes dont
» vous aviez peut-être eu à vous plaindre ! Que
» cette même considération s'étende sur la ré-
» paration des torts de cet ancien gouverne-
» ment vis-à-vis de ceux pour qui l'inaction est
» un supplice ; qui , maltraités fort jeunes ,
» peuvent encore vous offrir, comme à leurs
» concitoyens, l'expérience du tems et la vi-
» gueur du jeune âge. »

CHAPITRE III.

L'Auteur se met en mesure de prendre part à la liberté d'Amérique, et est contrarié par son chef, envieux de ses moyens militaires.

J'imaginai de proposer, comme le compagnon du héros du Nouveau-Monde, ma compagnie de dragons pour figurer, ainsi que lui, dans la liberté de l'Amérique. Mon chef en prit certain ombrage qui rompit toute harmonie entre nous deux, que quelques-uns de mes camarades les plus vieux partagèrent, dans la crainte que toute la troupe dont ils faisaient partie, ne fût comprise dans l'objet de ma proposition. Cet objet ne fut rempli que pour le ci-devant vicomte de Noailles, et l'aurait été effectivement pour moi, si mon père, qui ne voulait plus, dans ce moment, que je courusse de si brillans hasards, n'eût prié M. le comte de Vergennes de retirer ma proposition, à laquelle les ministres donnèrent beaucoup d'éloges. Mon colonel craignit si fort qu'ils ne me donnassent l'occasion d'y revenir, qu'il me chercha des querelles déplacées, et me fit faire différentes chicanes par le lieutenant-colonel, qui voulait faire une retraite avantageuse, et qui craignait aussi d'aller en Amérique. Il se monta contre moi un petit plan machiavélique, dont le début devait compromettre ma liberté, en profitant de certains moyens que la discipline d'alors donnait aux chefs, de faire répondre les capitaines détachés de la masse du régiment, de quelques torts de tenue sur leur compagnie recevant une inspection de ce même chef. Je devais être mis aux arrêts sous le spécieux prétexte d'un tel tort. On calculait sur ma vivacité, qui me ferait faire quelques fautes contre la discipline; et on accrédita auprès du ministre, mon parent, ces bruits aussi injurieux qu'injustes à mon égard.

CHAPITRE IV.

Il est tiré d'une embûche par l'affection
d'une Femme.

L'Amour, qui autrefois m'avait fait verser tant de larmes, sut me faire éviter, pour ce moment, l'occasion d'en répandre. On n'aime qu'une fois : mon nouvel amour était léger, pris dans le genre métaphysique; mais j'étais aimé comme les hommes qui n'aiment pas, et savent bien dire qu'ils aiment. J'enlevai le cœur d'une femme de la meilleure compagnie, chez qui on parlait familièrement de ce qu'on voulait faire contre moi. Elle m'instruisit du complot tramé pour ma perte ; j'allai le découvrir au comte de Vergennes, que je divertissais de mes historiettes. Je feignis de me croire en danger, pour le forcer à m'avancer. Je me mis en mesure d'avoir quelque grâce à lui demander ; mais les choses en vinrent au point que, pour établir un moyen sûr auprès de lui, je n'eus plus d'autre parti à prendre, que de renouveler ma tentative et d'offrir une seconde fois ma compagnie pour la liberté de l'Amérique. C'était pour forcer, en quelque sorte, mon adversaire à montrer de la faiblesse au milieu de la cour, où l'on appréciait si bien les chefs des corps, quoiqu'on aimât leurs défauts. Je passai pour avoir des idées si héroïques, que les uns m'en louèrent beaucoup, et que d'autres craignirent l'effet de mon bon exemple, prévoyant que cet hommage de dévouement leur imposerait de nouvelles obligations. Le champ de notre brouillerie devint un sujet de dispute où chacun prit part ; et le comte de Vergennes devint notre plénipotentiaire à tous deux. Les faiseurs, les inspecteurs, les gens à morale sévère, les mignons et quelques vieilles femmes de la cour prirent le parti du colonel, et les ministres le mien. Ces derniers se trouvèrent bientôt embarrassés par la protection d'un prince à qui ce même colonel était attaché, au moins comme faisant partie d'un ordre de chevalerie rivalisant alors l'ordre regardé comme le premier dans ce genre.

CHAPITRE V.

Il convient avec le Ministre, son parent, qu'il quittera son corps pour être attaché, dans ses grades, à celui des Dragons.

Mon sage Mentor et moi convînmes, pour la circonstance, que je me séparerais du faiseur; que le ministre de la guerre me ferait exercer mes droits à la suite de l'armée, à laquelle j'étais attaché sans corps particulier ; que, sous peu, j'entrerais dans quelqu'état major, et que, provisoirement, j'occuperais auprès du maréchal de Vaux, commandant celle, alors unique, destinée à faire la descente en Angleterre, le poste de confiance d'aide de camp, tant pour les rapports de la guerre que pour la diplomatie. Je rejoignis fort tard, retenu par le ministre et par quelques circonstances utiles à l'opération : le général me laissa dans une petite ville de Bretagne, où j'avais une parente qui m'y offrit une charmante hospitalité. La campagne finit en 1780, sans aucune utilité pour la France. Je me mariai et continuai à faire corps dans mon grade parmi les dragons, et en même tems dans celui des lieutenans des maréchaux de France , au bout des années fixées par les ordonnances pour les remplacemens dans les corps en activité.

Comme il n'y avait point de guerre, je m'occupai près le cabinet, libre pour moi, du feu comte de Vergennes, de relation, de diplomatie, et de remplir, pour l'utilité du gouvernement, près des ambassadeurs étrangers qui se trouvaient à Paris pour le service de leur nation, nombre de commissions délicates et de confiance, qui me firent voir la meilleure compagnie étrangère de l'Europe, et me portèrent parmi les hommes de la cour les plus accrédités. Je continuai à voir les ministres et la bonne compagnie que fréquentaient mes parens.

CHAPITRE VI.

Digression sur une Dame savante.

Je me liai avec des hommes de lettres, par le moyen de madame la comtesse de B....... que j'avais souvent rencontrée dans des sociétés choisies. Elle les recevait dans quelques uns de ses momens d'étude, aussi gracieux qu'enjoués, et dans les réunions savantes qu'elle en faisait, qui seront à jamais mémorables dans les fastes de l'histoire de la littérature, et celle des grâces du style, appartenant à un sexe qui met tout à profit. Elle y rassemblait les Dorat, les Mercier, les d'Arnaud, les Ducis, Laharpe et Lemière. Je m'y suis souvent rencontré sans partager leur mérite, attendu que le genre littéraire ne fut jamais que le délassement, et non le principal objet de mes études. J'étais plus en mesure lorsque je me suis trouvé dans ces charmans soupers où l'ame s'élève et le goût s'augmente, avec quelques étrangers de la délicieuse Italie, et plusieurs Polonais profondément instruits dans les cabinets du Nord, et des raretés de la nature de ces contrées plus ou moins froides. Plusieurs étaient parens de ce roi, le plus beau parleur de son siècle, versé dans toutes les sciences, qui laissa partager la Pologne. Combien la spéculation politique ne s'égare-t-elle pas dans ce dédale des révolutions et des changemens dans les lois et l'ordre d'un empire. La pacification générale doit arrêter de ce côté toute espèce de réflexions, et mon pinceau, retenu par la prudence, s'abstiendra d'en développer l'image.

CHAPITRE VII.

*Cause principale qui donna le plus d'éloigne-
ment pour lui à son colonel.*

Ce qui donnait le plus d'éloignement à mon
colonel, qui avait fait nouvellement l'acquisition d'un régiment qu'il croyait sans discipline,
et qu'il voulait conduire impérieusement; c'é-
taient les ordres (toutefois revêtu de l'autorité)
que je recevais sans la concurrence des chefs,
pour me rendre à la cour. J'avais fait trois petits
cahiers de tactique militaire, qui avaient donné
beaucoup de goût pour moi à feu M. le maréchal
du Muy, ministre de la guerre, qui ordonna
dans les bureaux qu'on me manda deux ou trois
fois.

Une femme de la cour, dont j'aurai encore
l'occasion de parler dans la suite de ce Mémoire,
saisit cette occasion pour prier un des chefs du
bureau des grâces, qui était le plus aimable des
hommes, d'user des mêmes moyens quelquefois, pour favoriser le désir qu'elle avait de me
voir pendant son service à la cour.

Comme je rachetais cette obligeance par
quelques bonnes idées sur la discipline, la formation, la subsistance, dont on voulait s'occu-

per sérieusement, le chef du bureau chargé de cette partie, ne s'en fit pas de scrupule, voulant servir la chose publique, et ménager une personne pour laquelle il avait une haute considération.

Elle le méritait par ses vertus. Sa tenue sage et prudente (qu'elle n'affectait cependant pas) formait, pour ceux qui la connaissaient intimement, un grand contraste avec toute la légéreté de celles qui ont conduit cette malheureuse cour à la dégradation publique, et au cruel état que plusieurs femmes, qui n'avaient réellement que de la frivolité, ne méritaient pas. Tout y était de mode, et comme les liaisons ne tenaient presque plus ni au cœur ni à l'esprit; on y était emporté par le vague de cette dissipation et de ces mêmes têtes extrêmement légères. Les hommes n'y valaient guère plus ; et chacun ne savait trop ce qu'il voulait. Au milieu de l'ambition la moins réglée des familles, une seule eut l'air d'y dominer dans les derniers momens; et si je ne craignais d'être indiscret sur tout ce que j'ai recueilli d'un de mes chefs, des plus aimables, qui leur était attaché, je me trouverais dans un grand contraste avec tout ce que la jalousie et la malignité a pu fournir dans le tems, auquel on a ajouté, au commencement de la révolution, des teintes aussi rembrunies que passionnées; c'est à la composition des cours qu'il faut s'en prendre, et non aux torts individuels d'une portion de citoyens qui y étaient attirés par la nécessité imposée par l'abus de l'usage, pour les gens d'une maison plus élevée que les autres gentilshommes, d'être attachés toute leur vie à une sorte de domesticité, et de la transmettre à leur postérité, d'âge en âge; et de manière à ne pouvoir être de bons régisseurs de leurs propriétés, et n'être capables ni eux, ni leurs enfans, élevés dans les mêmes erremens, de restaurer leur fortune, qui se dégradait toujours, par des moyens dont, pendant leur service militaire ils ne daignaient pas même prendre la plus petite connaissance.

La suite formera un complément élémentaire sur cette intéressante question (*).

(*) Ce qu'on appelait les gentilshommes, ou les gens de bonne famille réputés vivre noblement parce qu'ils avaient choisi cet état, étaient également retenus la moitié de leur vie (qui avec l'âge où ils avaient été faits officiers, en faisaient la majeure partie) par l'effet d'une institution dont on ne peut trop louer le principe, mais elle conduisait à la misère infiniment de familles qui voulaient imiter les premiers, ils demeuraient sans ressource. Les gentilshommes perdaient de vue l'agriculture et le courant des affaires domestiques, les autres le commerce et les états d'une plus grande ressource. Ils finissaient, les uns et les autres, pour la plus grande partie, par être à charge au gouvernement.

CHAPITRE VIII.

Comment son Ouvrage parvint au premier Ministre, de façon à être préféré à tant de Mémoires qui ont été donnés.

MON écrit fut fait dans un espace très-court, pour la réunion de matières aussi importantes ; il est vrai que ce n'était, dans le moment, qu'un manuscrit que je destinais de soigner avec une recherche extrême. Le tems néanmoins me pressait ; il fallait des ménagemens pour une cour brillante, toute désorganisée qu'elle paraissait être, et contre laquelle étaient insurgés, en quelque sorte, alors tant de gens par toute la France, qui ont cependant perdu, comme on le dit dans les voyages de mer, pour elle corps et biens.

Ce que l'on appelait, dans ce tems, les meilleurs propriétaires, se rendaient de toutes parts aux assemblées baillagènes, caressaient tous les humains, et l'égalité contre laquelle on s'est depuis tant récrié, paraissait la mode dominante, c'était pour être nommés députés. Plusieurs manquèrent ce but, et sur-tout les princes ; il n'y en a qu'un qui le devînt. C'est abuser de la facilité d'écrire, quand on répète ce que tout le monde sait ; ainsi je ne parlerai pas de ce qui regarde ce prince, mais je vais

2

vous apprendre ce que beaucoup de gens ne savent pas, c'est comme est arrivé mon manuscrit au premier ministre des finances, pour lui donner autant de crédit auprès de lui, qu'un envoi direct de ma part ne lui aurait pas procuré. Cette dame estimable, que la mort m'enleva la troisième année de la révolution, me conseilla de nous réunir, pour qu'elle pût l'adresser à quelqu'un qui pût le remettre en main propre au premier ministre des finances, ou au moins à sa fille ou son gendre.

Toute sa famille recevait les respects de la France, comme c'était la coutume alors quand une famille devenait à la mode. J'ai vu ces sortes de prostitutions d'hommages jusque pour la maison des Dubarry; jusques aux grands seigneurs, qui se piquaient d'une grande délicatesse, dont les femmes, disaient-ils, ne pouvaient se trouver avec cette maîtresse d'un genre tout nouveau, se plaisaient à lui faire des révérences, se portaient envie pour y être le mieux reçu, tous cherchant, même des femmes, à être de ses cercles. C'est encore la passion dominante; car, y a-t-il à Paris la moindre réunion pour un bal, une fête ou une société à la mode, ou dans une maison de gros jeu, chacun, tout dévasté qu'il est par les malheurs d'un tel délire et de tant d'autres, veut y être vu, veut, sous un air modeste, y donner le ton, et l'on a appelé long-tems ces réunions plus ou moins aimables, des rassemblemens dangereux. Ce ne sont tout au plus que ceux de la coquetterie, de l'amour du plaisir, pour se distraire, et pour mourir dans de vieilles habitudes.

La régénération française présentera à la société des vues plus mâles, ce *triplex cobur*, dont parle Horace, pour affronter tous les dangers sur l'élément humide, pour ne pas trembler, d'après les plus petites craintes sur sa tranquillité personnelle, et pour ne plus chanceler sur l'élément politique. Il était digne de la sagesse du Premier Consul, de se frapper de ces hautes considérations, pour permettre à ces ombres, repassant le Stix, de revoir ce séjour embelli comme ces champs célèbres que la fable a nommés d'un nom trop employé pour que je le répète; enfin, par lui ils ont revu leur patrie, et quinze ans d'absence ont reproduit ces grâces françaises dans les manières, dont l'amour paraissait en deuil, tandis qu'une génération vigoureuse offrait à la vue de beaux développemens, dans les contours la taille des romains, et la simplicité de l'innocence dans les jeux brillans de l'âge d'or.

CHAPITRE IX.

De la Société subalterne de la Cour.

Il y avait pareillement dans le service de la cour un genre subalterne de domesticité de femmes, qui avaient des charges titulaires, comme les dames d'atours et autres, dont je tirai plus de plaisir pour la société, que d'utilité pour mon avancement militaire, que je cherchais à accroître par tous les moyens sur lesquels mon imagination pouvait s'exercer. Quelques-unes de ces dames, jeunes et jolies, aimaient le plaisir et se livraient à une franche gaieté, de manière que je me divertis souvent sous les mansardes de Versailles, à peu près dans le même genre que dans mes garnisons. Les vieilles, se disant fort instruites des fautes de la cour, avaient l'air de se plaire à former mon instruction, comme parent de ministre, sous ce rapport. Sur tout ce qu'elles me dirent, si je n'eus eu déjà quelque expérience sur ce pays, j'aurais cru qu'elles y réglaient les affaires générales, et que rien ne s'y faisait sans elles; mais j'avais été entièrement désabusé par mon illustre amie, qui rendit plus que justice à leur vertu, et m'instruisit sur leur crédit très-borné, par rapport aux grâces de la cour, dont tiraient toute l'uti-

lité et l'agrément les grandes dames de son espèce. Elle m'engagea à ne pas trop me livrer à
ces sociétés subalternes, en m'ajoutant qu'elles
ne me seraient bonnes à rien qu'à me donner
un mauvais ton, et une réputation de courtoisie
que ces dames pardonnaient alors difficilement.
Celles-ci traitaient les autres fort au-dessous
d'elles, et avec ce froid glacial qui devait armer
les deux espèces, sur-tout les dernières, l'une
contre l'autre, d'une manière très-étrange. Je
me ressouviens que dans les réunions que me
procurèrent plusieurs secrétaires des ministres,
mes parens, je vis souvent percer une partie de
cette jalousie désastreuse qui a si souvent dénaturé cette révolution régénératrice, dont
j'avais embrassé les principes, tellement en
grand et sans passion, que ces petites person-
nalités et ces gaucheries jalouses me déplurent
à un tel point, que je retournai, avec un plaisir extrême, retrouver mon illustre amie, dont
le maintien composé, et l'habitude que j'avais
de rire par-tout ailleurs, avait un peu affaibli
mon amour. Je ne lui trouvai que plus de
charmes. En effet, il n'y avait rien de si aimable
qu'une femme de ce genre. Il y en avait beaucoup dont la figure répondait admirablement
aux grâces de l'esprit, de l'éducation; et celles
qui étaient le moins bien partagées du côté de
la nature, offraient dans la société, sur-tout
celle intime, des ressources charmantes. Aussi

la personne dont je parle avec autant d'éloges, avait gagné puissamment mon cœur : comme elle était économiste, je le devins à toute outrance ; et lorsque la révolution arriva, mes matériaux étant déjà prêts, je me trouvai en état de produire tout naturellement, ce qui aurait paru pour un autre n'être que l'effet de quelque miracle.

La première partie de cet ouvrage offre une espèce de transaction qui aurait porté quelque tranquillité dans l'état d'apathie où les Français étaient encore. Néanmoins, on trouve dans la conclusion de l'ouvrage, que cette tentative ne l'emporte pas sur la solidité des principes dont on ne peut pas long-tems dévier.

Le premier ministre des finances avait bien, je pense, son plan particulier, sans avoir trop envie de suivre celui de personne ; je le sentis, mais je le mis dans le cas de suivre le mien ; je m'autorisai, en le lui faisant donner, sur ce qu'il avait demandé des plans sur la tenue des Etats Généraux, non-seulement aux administrations principales des provinces, aux corps appelés cours souveraines, aux hommes de lettres, et enfin jusqu'aux abbayes religieuses, et aux particuliers.

Mon illustre amie m'y engagea de la manière la plus particulière, se détourna de plus de vingt lieues, en allant aux eaux, pour me donner, en quelque sorte, ma tâche, et on verra de quelle manière elle s'y prit encore pour faire remplir mes dires politiques, sur lesquels elle s'extasiait, je crois, plutôt en femme qui aime, qu'en juste appréciatrice du mérite qu'il fallait alors, pour lequel on me doit seulement compte de mon zèle.

CHAPITRE X.

Situation du premier Ministre des finances.

Le premier ministre des finances tenait déjà de ce goût pour certaine société, qui ne se prend que dans l'école des arts, quelquefois à celle de Thalie; aussi fréquentait-il beaucoup la maison de celle qu'elle favorisa de ses dons; c'était celle de mademoiselle Clairon, première actrice retirée du théâtre Français, qui, femme de lettres autant qu'elle avait été première actrice, avait une excellente maison, à l'époque du 15 Mars 1789, rue de l'Université, où elle recevait la meilleure compagnie de gens instruits parmi les étrangers, avec des Français d'une haute distinction. Elle reçut par la voiture publique partant d'une petite ville sur le bord de la Seine, qui est de la province jadis appelée B., mon manuscrit, auquel en était joint un autre sur l'état de la France en 1775, qui sert à présent de discours préliminaire.

A l'époque du 15 ou 17 Mars, où ce manuscrit fut en état d'être envoyé, et qu'il fut remis

dans la main du ministre même, l'assemblée
nationale n'avait pas encore commencé ses
opérations (elle n'avait pas pris ce nom d'assemblée nationale, que je lui donne dans mon
manuscrit, correspondant dans l'imprimé à la
page 84, livre 19).

CHAPITRE XI.

*Ce qu'était l'Ouvrage de l'Auteur dans le
premier moment, et comme il fit fortune.*

L'OUVRAGE ne portait alors que le titre
modeste d'*Etat des choses au 15 Mars 1789.*
On prit tant d'intérêt depuis à ce manuscrit,
qu'il fut imprimé, par un ordre inconnu, sous
le nom de *premier Plan qui a donné lieu à la
régénération de la France.* On en doit retrouver un exemplaire aux archives de l'assemblée
constituante, qui fut adressé à son président,
avec une lettre, en date du 10 Août 1790, par
laquelle l'auteur lui donne avis, « qu'une per-
» sonne qu'il ne nomme pas, et ne fait que
» désigner indirectement, a fait imprimer son
» ouvrage sous le titre de *premier Plan qui a
» donné lieu à la régénération de la France,*
» qu'il le met sous la sauve-garde de l'assem-
» blée nationale, pour réclamer contre toute
» édition contraire au fonds de ses pensées, et à
» la manière textuelle dont il les a exprimées. »

On les retrouve presque toutes dans mon ouvrage, conformes aux délibérations qui ont été prises depuis par cette illustre réunion, même mes propres termes, pour l'expression d'un principe employé par cette illustre assemblée, tel qu'il se trouve à la page 84, 7.ᵉ ligne. Ce même passage paraîtrait, en quelque sorte, avoir donné lieu, dans le tems le plus prochain de son arrivée, au mot et à la chose qui fut mise en délibération, appelée pour lors la *sanction*, et sur ce que l'on pourrait appeler le droit des citoyens, que l'on a nommé alors *le Droit de l'Homme* (*).

Lorsque ce mémoire arriva au ministre des finances, ce fut du 20 au 25 Mars; on n'avait encore délibéré à l'assemblée des Etats Généraux sur aucune de ces matières.

Mademoiselle Clairon se hâta de remettre ce manuscrit à M. de Stael, en lui racontant la manière dont il lui était parvenu; l'ambassadeur s'empressa de le remettre lui-même au premier ministre des finances, son beau-père. Il paraît que la manière dont l'ouvrage arriva, le fit infiniment distinguer, et qu'il prévalût sur plusieurs mémoires que le premier ministre des finances reçut à cette occasion.

(*) Qu'il fallait, ce me semble, appeler droit des hommes, attendu que le droit d'un seul me paraît incompatible avec celui de tous.

La personne qui le lui adressa avait spéculé que c'était le seul moyen de le faire réussir auprès de ce ministre, qui était, pour ainsi dire, obsédé de mémoires et d'avis à l'occasion des Etats Généraux, et le défendre de l'indifférence des secrétaires ou des rédacteurs qui voyent toujours avec prévention un plan qui se présente de lui-même, ou qui n'est pas suffisamment recommandé.

La personne qui en faisait l'envoi, eut grand soin de faire dire au ministre, qu'elle en remettrait personnellement un double au roi, à son retour des eaux. Il n'en fallait pas davantage pour qu'il redoutât lui-même son crédit, ou l'effet d'un zèle qui aurait pu faire le plus grand tort à tous les moyens qu'il prenait alors pour porter la France au plus haut degré de gloire, et à la régénération dont elle avait tant besoin.

Pour être en mesure de suivre l'effet de mon plan, je fus très-peu de tems à me rendre près la séance de l'assemblée nationale et constituante, qui venait de s'ouvrir à Versailles ; et lorsque j'y arrivai, j'eus la satisfaction de voir que peu de jours avant, s'était opéré un des articles que j'avais le plus à cœur, la suppression des bannalités, lesquelles gênaient un grand propriétaire dans l'usage qu'il voulait faire, pour son plus grand avantage, de l'objet qu'y avaient consacré ses prédécesseurs, contre lequel on réclamait de part et d'autre. Ces bannalités étaient devenues la source de mille procès pour les possesseurs, ainsi que quelques misérables petits droits de prestations, de volaille, avec de très-petites monnaies, dont l'usage s'est perdu dans le commerce, pour la conservation desquels nos gens d'affaires nous entretenaient dans de continuelles chicanes.

J'ai suivi toutes les opérations de l'assemblée constituante à Versailles, jusqu'à environ quinze jours qu'elle quitta son séjour. Les grands seigneurs de la cour avaient presque tous abandonné celui si intéressant à la philosophie. Il n'y restait encore en quelque sorte que le service, et deux ou trois ministres chez lesquels je trouvai le moyen de me faire recevoir. Deux avaient été ambassadeurs pendant le ministère de mon parent, et leur maison me fut ouverte.

Le premier valet de chambre de quartier, qui avait une charge qui lui donnait beaucoup de crédit, et qui tenait aussi maison ouverte, me reçut aussi, mais avec la tendre amitié qui nous avait unis précédemment : aussi je n'échappai aucune des causes ni des événemens qui produisirent en secret ou ouvertement les grands effets qui ont progressivement mené les français à la liberté.

Ce fut d'après mes remarques, celles sur l'état des choses, et sur la facilité d'avancer à grands pas dans le bon ordre de la politique

sociale, que je crus devoir faire un amende-
ment à mon livre intitulé, *Plan qui a donné
lieu à la régénération de la France.*

Pendant cet intervalle, je ne perdis pas de vue
tout ce qui se faisait pour les progrès de la
liberté, et je me distinguai près de mes concitoyens, par des réflexions tantôt imprimées,
tantôt manuscrites, que j'envoyais à quelques
comités de l'assemblée nationale, et souvent
de doubles aux ministres, qui existaient alors,
sur-tout au commencement de la révolution.
Cette conduite leur donna autant d'attache-
ment pour moi que de confiance; je fis agréer à
ces mêmes citoyens de ne me point rencontrer
avec eux dans aucune de leurs conférences;
ils eussent pu gêner la liberté de mes idées,
ou la captiver par quelqu'intérêt relatif. C'est
par cette même raison que je n'ai voulu prendre
nulle part à aucune association avec qui que
ce soit, pour coopérer ni à mes plans ni à mes
écrits, sans autre but ni intérêt que d'en en-
voyer des morceaux, par feuilles manuscrites,
à quelques gens en places qui pouvaient en
faire des dépôts utiles, les sollicitant de ne pas
même correspondre avec moi par leurs lettres
en réponse, vouant toute la gloire qui aurait
pu m'en résulter à la chose publique, dont je
n'ai jamais désespéré du salut.

CHAPITRE XII.

De la Domesticité intermédiaire.

La cour était encore composée d'une portion de domesticité qui jalousait beaucoup la
classe où se trouvait mon illustre amie. C'était
un ordre d'une mixte considération, et formé
de gentilshommes à qui on avait fait faire in-
discrètement des preuves, pour ne pas pouvoir manger avec le prince, où plusieurs de
leurs parens et connaissances arrivaient en sa-
tisfaisant au réglement fait à cet égard, ou
par le mérite d'une ancienne haute charge
dans sa famille, ou par une dispense du
prince, qui laissait toute l'apparence qu'ils l'a-
vaient remplie. On nommait ces commensaux
des écuyers cavalcadours. Plusieurs sortaient
des pages, et recevaient cette récompense
pour prix de leur habileté à dresser des chevaux. Ils suivaient le prince à la chasse, et
étaient sous l'autorité de deux grands officiers,
dits de la couronne, désignés par le vieux
mot de *premier* et *deuxième Maître de
l'Etable*, et par le nouveau de *grand* et de
premier Ecuyer.

Ces Ecuyers cavalcadours, qui faisaient la
moitié des preuves des seigneurs de la cour,
pour monter ce qu'on appelait dans les

carosses, se rencontraient avec les écuyers de main. Ces derniers faisaient encore des preuves inférieures, mais les premiers ne les dédaignaient pas. Les deux espèces se réunissaient à supporter, avec une contrainte (d'autant plus réelle qu'ils la dissimulaient), ce qu'on appelait la politesse de cour et de seigneur, chez lesquels ils n'étaient reçus que pour leur service, leurs affaires, ou en société, avec cette espèce de supériorité qui faisait le désespoir des uns, et récréait les autres d'une manière bien ridicule, et à laquelle on s'habituait tellement, qu'on ne s'en apercevait plus soi-même.

Cette classe se réfugiait, pour la société, chez les femmes dont il est question au chapitre précédent. Je n'ai jamais entendu qu'ils se mêlassent aux propos de mécontentement de ces dernières ; mais d'après quelques observations subséquentes, je pourrais croire que plusieurs étaient remués des mêmes passions. Néanmoins la majeure partie a cru devoir quitter la France. Ce n'est pas l'article qui nous intéresse ici, mais d'étendre les instructions de nos lecteurs sur les causes les plus réelles de la subversion de cet objet, que la méditation sur ce chapitre du grand Frédéric aurait bien pu prévenir, si elles eussent été plus connues.

CHAPITRE XIII.

EXTRAIT DES RÉFLEXIONS

DE FRÉDERIC LE GRAND, ROI DE PRUSSE,

Sur les Offices et archi-Offices, dits du St-Empire, des grandes et petites Cours d'Europe.

« Mon aïeul, disait le roi de Prusse, qui n'a-
» vait été qu'électeur, et qui était le premier
» roi de sa famille, était désolé qu'elle ne fût
» pas assez avancée dans l'ordre des rois, pour
» ne pas renvoyer tous ses pages, et de n'avoir
» de valets de pied que de la classe de ceux
» qu'emploient dans cette occupation toutes
» les autres cours de l'Allemagne et de l'Eu-
» rope. Je crois que s'il eût osé, et s'il n'eût
» craint de passer généralement pour vandale,
» ce qu'il était un peu, il eût conseillé à tous
» les rois de ce continent d'en faire autant,
» ainsi que de ce qu'on appelait en France
» les grands officiers de la couronne. »

Frédéric Guillaume voulait que les rois de
toutes les cours policées, et même le Stathou-
der de Hollande (ce que ne pouvait pas l'em-
pereur d'Allemagne), pour quelques raisons

ayant seules rapport à la constitution germa-
niques, annullassent et réformassent, de leur
autorité, par une simple ordonnance, toutes
ces charges qui ne sont chez eux que des places,
et ne les conservassent ou ne les remplaçassent
que comme domestiques chargés de ces offices,
avec une autre dénomination, et sur-tout sans
brevets, pour en faire perdre la mémoire. Il voulait qu'ils ne se fissent servir que par des domestiques qui n'eussent de considération que celle
attribuée aux valets de pied, dont on se dé-
fait sans conséquence, et dont les familles n'ont
pas le pouvoir, en quelque sorte, de mettre,
pour les plus petits objets, le palais en commotion. Il fait consister la parure des cours dans
la représentation d'une belle garde militaire,
dans des appartemens décorés, bien soignés,
et dans une composition, à cet égard, de serviteurs qui ne les approchent jamais trop du
maître, et sur-tout les mette dans le cas de
prendre part à sa table et à son jeu ; tels que
ces officiers qui, par l'abus de l'institution primitive, s'y trouvent initiés de manière à devenir de l'intime société du prince ; de façon
que maintenant il est presqu'impossible d'inter-
vertir cet usage. Il eût été bien content (ajoute
le roi de Prusse) s'il se fût trouvé, pour exécuter ce plan, à la place de Charles II, roi d'Angleterre, remontant sur le trône, ou de Georges
I.er, que le peuple et le parlement y placèrent,*

pour opérer son projet de réforme, qui lui aurait coûté tant de peines, tenant, comme électeur, à une province appartenant au corps germanique, dont l'ensemble est appelé le Saint-Empire.

Ces places eussent été, de droit, annullées, et un autre usage dans ces contrées, sur cet objet, eût prévalu ; usage où il n'entrait aucun pouvoir d'une suprématie légale. L'on mettait en désuétude, à sa satisfaction, toutes ces anciennes charges.

Frédéric II entre dans la discussion de la matière, de façon à prouver que son ancêtre n'était point un vandale, mais un grand et profond politique dans des institutions qui devaient procurer à sa maison une satisfaction inaltérable, et aux princes, ses successeurs, une continuité de paix intérieure.

Il ouvre un champ particulier aux cours, de toutes les histoires, de toutes les anecdotes publiques et secrètes de l'Europe. Il semble, pour appuyer ces dires, s'être complu à parler de la cour d'Espagne, à l'époque où existait Madame des Ursins : il parle aussi de la cour de France ; mais, comme on a pu prendre lecture peut-être de tous les mémoires imprimés dont il peut s'étayer, je ne m'étendrai pas sur tous les détails qui pourraient causer quelques réveils fâcheux ou quelques répétitions indiscrètes, et je me contenterai de suivre, le plus

textuellement qu'il me sera possible, les derniers dires de Frédéric sur cet objet important.
Il semble, en quelque sorte, que le premier
Consul l'ait étudié sur cette matière, par l'institution d'un officier qu'il a créé sous le nom de
préfet du palais, classé dans l'état civil, et
non militaire, pour maintenir, en quelque
sorte, l'existence du pouvoir suprême contre
l'affluence nécessaire des officiers de guerre près
l'autorité d'un gouvernement militaire ; précaution qui n'existait point près des magistrats
suprêmes de la république romaine, qui l'ont
jetée dans un si grand péril, tant la prudence
sur les plus petits objets, ou l'oubli de la plus
légère précaution, peut conserver ou détruire
les plus grands Empires ! Il a amélioré l'idée
de Frédéric dans la sagesse de ses réflexions,
en instituant quatre magistrats de ce genre, se
succédant mutuellement, et à de courtes pé-
riodes ; et en n'introduisant dans sa maison
que le nombre suffisant pour partager les hon-
neurs avec l'épouse du premier magistrat, aussi
respecté dans les cours de l'Europe, que puis-
sant par la grandeur et la majesté du gouvernement confié à ses soins.

Frédéric s'occupe sur-tout de la quantité des
femmes partageant ces dernières places ; il regarde cette institution, si elle ne se borne à un
petit nombre, comme nécessairement désavan-
tageuse à la paix domestique et à la tranquil-

lité inaltérable du premier magistrat. Le grand
Frédéric était assez philosophe pour s'appeler
ainsi, et assez bon citoyen pour ne considérer
son autorité et sa situation, dont tant de ses
contemporains abusaient, comme une souve-
raine magistrature.

Il entre dans les détails pour prouver que la
multiplicité de dames attachées au service du
palais, ou liées à leurs maris ayant des charges,
exerce sans cesse un degré d'influence dont
les chefs de gouvernement ont souvent éprouvé
les suites fâcheuses, notamment la division de
tout ce qui les entoure, ou leur réunion à leur
désavantage ou à celui de la chose publique.

Ce prince, aussi grand écrivain en morale
que grand politique, en louant beaucoup l'u-
sage des chambellans très-riches (*) (tels que
ceux employés dans plusieurs cours, qui sont
des princes possessionnés, c'est-à-dire grands
propriétaires, qui ne coûtent aucun appoin-
tement, et ne sont dans le palais des chefs
de gouvernemens, eux et leurs femmes, que
comme visites) paraîtrait vouloir aussi, comme

(*) Ce chapitre me donne lieu de rendre tout l'hommage que mon cœur a besoin de payer à quelques
étrangers que les premiers magistrats de notre gouvernement distinguent dans leur sagesse, et que des réunions de bonne compagnie avec eux, m'ont mis à
même d'apprécier.

son aïeul, que l'on put eu écarter les pages pris dans une autre condition que celle des valets de pied employés à la cour de France. Il regarde l'institution des pages, dont on peut se passer, avec des valets de pied qui ne sont pas dans l'enfance, comme d'autant plus dangereuse, qu'elle a renouvelé souvent dans les cours, et de suite dans les emplois importans à l'armée, des hommes qui laissent toujours de l'incertitude sur leur conduite à venir, et auxquels on s'attache sans pouvoir s'en défaire. Ils sont ruineux d'après leur position primitive, qui est le plus souvent celle d'un gentilhomme sans fortune, fort au-dessous des combinaisons auxquelles il se livre d'après ce premier pas. Il regarde cette institution également fâcheuse en bonne politique, en ce qu'elle retire de leur province, du local de leur propriété, du soin personnel de cet objet, des hommes qui, devenus chefs de famille, ne regardent plus que comme en arrière une médiocre fortune, et se livrent à tous les expédiens imaginables pour y suppléer, sur-tout à la vaine gloire, chapitre qui va si loin, et d'un si mauvais exemple pour un autre gentilhomme voisin, qui, par imitation, abandonne sa province (*), et, d'après de

____

(*) On pourrait faire cette réflexion pour le trop

telles conceptions, la prive d'un bon propriétaire.

Le page, disait Frédéric Guillaume, le plus
ordinairement, étant le fils d'un gentilhomme
sans bien, et accoutumé à être pourvu de la
tête aux pieds, chose dont il ne peut perdre
l'habitude, sur-tout s'il se développe dans la
souplesse et dans l'art de plaire (*) qu'on ne
manque pas de contracter dans les cours, ou
dans les lieux où siége la faveur, le prince,
sa famille, ses favoris, ses ministres sont à
lui, et toutes les grâces dont son imagination
peut se repaître, on les lui donne sans effort :
d'abord ce qui convient à un premier emploi;
les ministres, les gens d'appartement le pous-
sent à un second : nouvelle nécessité de lui
donner de quoi s'y soutenir, ce qui se fait lar-
gement; s'il s'y marie, c'est encore le prince

---

grand nombre de valets arrivant à Paris ou dans les
grandes villes, pour y mener une vie paresseuse ou
s'y corrompre.

(*) Je n'ai intention de blesser qui que ce soit.
Cette partie qui donne lieu à cette note, et qui sert
de base à mes plus victorieuses raisons, doit être re-
gardée plutôt comme le jeu d'une ingénieuse fiction,
que comme le dire des deux princes, tous les deux
grands législateurs.

qui en fait les frais, ou on lui donne un nouvel emploi militaire ; dans quelques cours, un
intérêt dans les douanes, dans les fermes de
l'Etat, et de suite on lui laisse faire des affaires désastreuses au gouvernement, avec lesquelles même il acquiert du crédit. De ces
négociations clandestines et pernicieuses, il
parvient à des négociations authentiques : il
est ambassadeur. Il passe de là, sans ce moyen
qui annonce un homme éclairé, à des emplois
militaires de la plus haute importance, qu'il
est difficile de lui refuser, sur-tout quand,
mignon à la cour, mignon à l'armée, il devient séducteur dans la maison du prince,
et a l'adresse qu'on contracte dans les cours,
de savoir s'attacher les corps militaires par
de bons traitemens, par une dépense désor-
donnée ou par une discipline adroitement re-
lâchée. Pour y fournir, en dépit du ministre
même ou du prince souvent fatigué des dé-
sordres qu'il ne peut sans secousse arrêter,
il devient concussionnaire sans être réprimé,
mauvais général faute de s'occuper de son
état, et quelquefois traître également impuni
aux champs des batailles.

CHAPITRE XIV.

Digression sur les objets appartenant au Chapitre précédent.

On ne peut pas rendre tout à fait applicable en France, comme dans quelques autres cours d'Europe, au personnel de tous les pages qui sont sortis de cette école, le dire du grand Frédéric, qui ne pouvait être exact que pour les pages que la faveur, d'après le mérite de leur caractère souple ou liant, était venu prendre à ce poste. Grand nombre n'ont obtenu que des emplois subalternes dans des régimens, ou quelques-uns ont été repris en sous-œuvre pour figurer avec les premiers. D'autres ont borné leur carrière à être écuyers cavalcadours, ou à occuper de petites places à la tête des attelages des princes, ou d'autres postes qui leur ont fait faire des mariages dans la domesticité subalterne de la cour, ou dans la finance du second ordre, au moyen desquels ils ont obtenu encore des facilités pour détériorer la fortune publique : mais les hommes les plus dangereux pour cette détérioration, étaient certains citoyens sans biens, ou ayant une suffisante fortune pour demeurer, avec décence, dans leur province, dans leurs petites proprié- tés, lesquels sont venus altérer une partie de leur avoir pour se développer à la cour, d'après des préjugés qui faisaient qu'on ne pouvait être que là ; préjugés qui ont pris leur source dans certain réglement qui ne fut que la suite d'une pique ministérielle, dont les détails seraient trop minutieux pour un ouvrage qui appartient plus au publicisme de ce siècle éclairé, qu'à l'historique de la vie privée d'un particulier. Quelle que en soit la cause, elle n'en a pas moins donné lieu à l'admission des principes inverses de ceux salutaires employés si long-tems par les Leblanc, les Breteuil père, les Phelipeaux, les Colbert, les Louvois, les Villeroy, les Gêvres, les Mazarin, enfin les Richelieu : ce systême était alors de n'attirer à cette même cour, que des bannerets indociles, pour les réduire ou pour leur faire perdre leur crédit désastreux, dans leur grande propriété, ou des hommes dont les pères, dans les faveurs ministérielles ou militaires couvaient les places de leur domesticité pour leurs enfans. Ces hommes garnis de moyens n'avaient besoin d'aucun expédient à la manière du page sur lequel Frédéric porte ses dires, pour y devenir grands seigneurs, ou pour balancer les dons d'un beau père dilapidateur de la fortune publique, ou forcé à le devenir. Un ministre qui eut cependant une grande célébrité, ne vit point assez bien dans les arrières détails, où l'expérience du passé a forcé de

descendre, pour se refuser à l'effet d'une con-
ception qui perdit les serviteurs zélés de la cour,
contre lesquels elle fut inventée, et ceux enfin
que des places brillantes, suite de la confiance
du prince, et des services réels à leur patrie,
avaient illustrés, services même qui les avaient
rendu chers à une nation reconnaissante. Au
lieu de favoriser ceux pour laquelle cette nou-
veauté a été introduite, elle n'a hâté, pour
plusieurs, que de très-peu de tems la crise fu-
neste dans laquelle ils seraient tombés évidem-
ment, même sans la révolution française, par
la réforme la plus modérée des moyens factices
ou des ressources artificielles, par lesquelles
plusieurs étaient forcés de soutenir ou leur
vanité, ou leur crédit, et plus malheureuse-
ment encore la part qu'ils prenaient au luxe
d'une cour qui était devenue trop fastueuse
pour la suffisance des moyens de ceux qui y
étaient ou trop tard ou trop subitement par-
venus.

Dans ce siècle illogique, cette conduite rendit presque nul le crédit des plus grands ministres, et donna une telle défaveur au gouvernement, que chaque branche d'administration, chaque rameau parut avoir ses grands
et petits protecteurs et ses immenses dilapi-
dateurs, chaque partie de finances ses trai-
tans et ses patrons, chaque ministère un en-
nemi de ses devoirs.

Des emprunts et des altérations dans l'ordre administratif des finances, sont sorties les immenses difficultés avec ces hommes inoccupés, dont les créances incroyables surchargent maintenant la république, et ont formé de tout tems la barrière la plus insurmontable contre la réforme des abus d'un gouvernement vicieux.

Il a fallu démembrer le corps politique dont nous venons de parler; il a fallu décomposer l'armée, pour en faire sortir progressivement ces hommes, souvent malgré eux, à cause des mœurs du tems, qui partageaient tous les vices d'une cour fastueuse. Il a fallu recomposer cette même armée, de chefs qui ne pussent pas par leur habitude, compter le luxe et la magnificence au nombre de leurs triomphes. Ces derniers ont allégé les dépenses du gouvernement dans cette partie militaire. Les premiers dominaient par leur consistance et leur crédit. Il était impossible de parvenir à aucune réforme importante, tant qu'ils y occuperaient les places sous lesquelles le législateur était obligé de plier.

La politique trouva encore son remède à une telle extrémité; la mode vint à son secours par l'émigration du plus grand nombre des hommes dont elle voulait se défaire, et la frayeur occasionnée par une désorganisation factice la débarrassa du reste.

Ce vice de luxe sans bornes, celui des tables, des équipages, des chevaux, des valets de toute nature, embarrassant une armée, rendant ses marches et ses opérations beaucoup plus difficiles, se rapportaient particulièrement à ce qu'on appelait chefs de corps du premier ordre, qui avaient en même tems des places à la cour ; aux colonels, aux officiers-généraux de divisions, aux commandans d'armée et à leur état-major. Ils étaient imités, par les officiers subalternes seulement, dans une plus grande quantité de chevaux et d'équipages qu'ils n'auraient dû en avoir, et vis-à-vis desquels les officiers supérieurs se faisaient honneur d'étaler, à l'envie, le luxe de leur table, en les y conviant tour à tour. Ce luxe n'était d'aucun soulagement pour les particuliers, mais seulement une consommation et un désordre qui ruinaient le pays sur lequel on entrait en campagne, et nécessitaient des magasins immenses, pour nourrir et entretenir tout ce qu'ils traînaient inutilement et abusivement après eux.

Le préjugé avait rendu ruineux cet usage de la représentation des chefs de corps, et d'une nécessité aussi absolue que l'étaient les combats singuliers parmi les militaires pour la plus petite injure.

La dépense des officiers-généraux, et celle de l'Etat pour y subvenir, étaient devenues une habitude, puis d'une nécessité si impérative, qu'il a fallu une subversion générale pour y mettre ordre. Pendant ce tems, le trésor public se consommait dans ces folles dépenses, qui devenaient toujours incalculables, puisqu'elles se mesuraient sur le caprice de ces mêmes hommes. Elles étaient fondées sur le rang qu'ils occupaient dans les troupes, dans la société, ou sur leur goût pour la magnificence. Le ministre ne pouvait y pourvoir que par le systême ruineux des constitutions de rentes sur l'Etat, par des emprunts et des anticipations (*).

Tous ces abus menacés de réforme, qui semblaient se confondre avec l'altération dans le paiement de ces mêmes rentes également constituées, les unes sous des titres effectifs et bien réels, les autres sous des titres factices, ont amené les premiers écarts contre l'ancien gouvernement, et cette célèbre révolution qui a fait prendre long-tems à de nouvelles erreurs la place des premières passions qui les avaient fait naître. Le nouveau gouvernement se trouve avoir acquis assez de force pour les empêcher de se reproduire.

(*) On peut voir dans les bureaux du gouvernement, comment j'ai traité le surplus de ce chapitre, dans ma seconde notice manuscrite, du 18 messidor an 4. Sa matière est trop délicate pour être livrée dans sa totalité à l'impression, dans un ouvrage où l'on ne peut trop chercher à réunir les esprits, pour diriger leur pensée sur la spéculation des avantages de la chose publique.

SECONDE PARTIE.

PRÉPARATOIRE

AU COMMENTAIRE SUIVANT.

Comme les réactions arrivées dans le cours de la révolution française, depuis que l'ouvrage intitulé : *Premier Plan qui a donné lieu à la régénération de la France*, a été reçu en manuscrit, ont causé beaucoup de désordre dans la logique, ce Commentaire pourra y suppléer : il devient même propre à l'espèce de régénération qu'a reçue la France depuis le 18 Brumaire an 8.

Les vrais connaisseurs en matière de gouvernement, sont fondés à espérer que ce mode est celui convenable pour lui donner le plus de consistance, parce qu'il se rapporte au génie national des Français, plus fort que la méthode dont en usent les autres peuples.

Ce mode repose sur la nécessité d'un grand commerce, qui arrivera tôt ou tard généralement, et qui, en attendant, sera au moins intérieur.

Il repose aussi sur l'état de luxe, sur la conservation des usages plus ou moins antiques, qui recréent la pensée individuelle des habitans de la France, à prendre même d'après la définition qu'en font les Commentaires de Jules César ; sur les chartes les plus anciennes comme les plus modernes ; sur les histoires nationales les mieux faites de tous les âges, que les étrangers ou les ennemis de la patrie, sous quelques rapports intéressés, ont voulu appeler le tableau, sans cesse reproduit, de la frivolité.

Ce caractère national, n'importe quel nom on a voulu lui donner, qui a soumis d'abord à ses lois militaires le destin des Empires, régit maintenant les hommes détrompés par l'expérience, qu'un raisonnement spécieux, revêtu des beaux termes de la philosophie, avait séduits.

COMMENTAIRE

Sur chacun des Chapitres de mon Ouvrage,
dont il est question d'autre part, intitulé :
PREMIER PLAN QUI A DONNÉ LIEU A LA RÉGÉ-
NÉRATION DE LA FRANCE.

Si j'ai cherché dans mes premiers chapitres de la première et troisième partie de mon Ouvrage, à provoquer le patriotisme de mes concitoyens , ce n'a point été par l'image incertaine et trompeuse de leurs actions guerrières au tems des tournois, et de leurs actions héroïques sous ce rapport ; mais en leur représentant, lorsqu'il en était tems encore, le seul état qu'ils pouvaient occuper dans la société , celui de propriétaires considérés , sans aucune préférence , quant à la partie administrative , que celle réglée par la mesure naturelle de la propriété foncière , j'ai cherché , dans ce chapitre , à engager ceux qui croyaient avoir des prérogatives pour s'en écarter , à aller au-devant des réclamations d'une sorte de propriétaires , qui n'avaient pas besoin , dans l'état où les choses en étaient venues , du titre dont ils se prévalaient pour partager les droits administratifs dont ils paraissaient jouir dans certaines provinces , par privilége.

Il suffisait que ceux mis en souffrance sous ce rapport, fussent propriétaires fonciers et admis aux mêmes exceptions, pour être capables d'être appelés aux mêmes délibérations. Le compas généalogique ne pouvait établir de différence, sous ces mêmes rapports administratifs , entre des familles citées dans les tournois, à un certain ordre de dates plus ou moins éloignées , et celles magistrales par de plus anciennes ou plus modernes prérogatives (toutefois propriétaires fonciers, puisqu'ils partageaient une égale consistance dans l'ordre de

4. .

la propriété, ou une même manière de voir dans la société).

Depuis que l'ancien gouvernement devint il-logique et en désordre sur tous les points, il avait paru donner la préférence aux familles regardées comme fabuleuses ou héroïques, sur celles associées aux plus ou moins grandes con-sidérations fondées sur l'utilité publique ; con-sidérations qui ne sont faites que pour donner de la consistance aux places qui le méritent sous ce rapport. Aussi a-t-on vu se développer pro-gressivement la mesure de cette grande crise, que les États généraux n'ont avancée que d'une légère période. Sans eux, dans cette cause d'a-mour propre où chacun n'osait même s'expli-pliquer, et où chacun a poussé le peuple à sa manière, tout eût tombé dans la confusion, et la France n'eût formé qu'un monceau de ca-davres et de ruines.

Si mon faible Ecrit eût été bien entendu, peut-être eût-on évité l'état de souffrance que tant d'opposition à l'ordre a rendu nécessaire, et qu'on n'a voulu peut-être porter aussi loin, que pour opérer une œuvre aussi parfaite, qui a rétabli dans nos esprits, comme dans nos usages, l'*égalité politique* et tous les principes naturels qui semblent avoir été oubliés dans la société, au milieu d'une confusion d'abus et de préjugés qui en avaient pris la place.

Il est très-sûr que si l'on eût bien traité ce

point délicat, qui regardait alors l'un des premiers ordres de l'Etat; qu'on l'eût, dis-je, traité d'accord avec tous les propriétaires fonciers partageant les mêmes prérogatives, ce même premier ordre n'eût pas éprouvé la perte de quelques objets qui intéressaient si peu l'ordre social, qu'il croyait devoir lui demeurer dans cette tourmente générale.

Nul de ceux qui ont cru, depuis, devoir s'en mettre en possession avec autant d'ardeur, ne pensait jadis avoir besoin de cet agent pour se donner une consistance utile ; plusieurs d'entre eux le regardaient même comme nuisible à la classe occupée de pourvoir à leurs besoins : le négociant, pour ses opérations commerciales ; le manufacturier, pour l'exécution de ses commandites ; l'artisan, pour son travail journalier ; le métayer, pour partager utilement les produits avec son propriétaire. Aucun d'eux, à la vérité, n'avait pu encore faire le calcul des spéculations heureuses que leur a procurées la commotion générale qui leur a rendu propre, et à bon compte, la vente des biens nationaux, et les a introduits dans l'ordre des propriétaires fonciers.

Dans la position même où se trouvait l'homme de loi, dont le cabinet était la seule ressource en concurrence avec son peu de richesse foncière, les fonctions administratives ne lui paraissaient pas moins à charge qu'au négociant, qu'à l'artisan, attendu qu'elles partageaient d'une manière nuisible les moyens de se procurer son existence.

Si les uns et les autres ont fait des réclamations aussi marquées, ce n'a été que parce qu'ils ont été fondés de pouvoir par la partie la plus délicate de la société, qui a craint, en s'en chargeant elle-même, de compromettre ses dires au point qu'ils pussent lui devenir préjudiciables, ou être une cause de voir immoler sa patrie, et mettre en contradiction ses intérêts personnels. Il n'est aucun peuple qui ne puisse envier la prospérité qui semble se répandre sur ce systême national, qui ne se présente pas dans le même ordre en Allemagne, ainsi que dans les Etats du Nord, mais bien en Angleterre, qui néanmoins conserve ses gentlemen, ses escuers, ses chevaliers, qui ne sont que des propriétaires passifs à tant de mille livres sterlings de rente. Ils sont les consommateurs de cette immense industrie qui a donné jusqu'ici au gouvernement anglais la préférence sur tous les autres, et cette activité incomparable de tous les habitans de la Grande-Bretagne, et notamment de la ville de Londres.

Sur les Chapitres II, III et IV.

Dans l'ouvrage d'une grande crise que je ne cherche plus à dissimuler avoir voulu occasionner à ma patrie, dans le plan dont je trace ici l'extrait, j'ai cru devoir y apporter l'image de la modération, toujours aimable quand elle est adroitement présentée. Je savais que dans plusieurs provinces, principalement dans celle dite de Bourgogne, certains gouverneurs, et notamment la maison de Condé, s'étaient mis à la place de l'administration des finances de cette même province, s'étaient fait corps délibérant, puisqu'ils nommaient les élus, recevaient les comptes du trésorier avant qu'il ne les rendît au ministre des finances, et nommaient les receveurs particuliers comptables à ce même trésorier. De là se voyait l'embarras que le ministre réformateur trouvait pour replacer dans l'administration générale les cadres de cette partie qui en avaient été distraits, notamment lorsqu'un prince de cette maison eut été fait premier ministre d'Etat, au commencement du siècle dont nous venons de sortir. Cette maison, en conservant l'habitude de fournir, par chacun des règnes, un héros pour ou contre l'autorité dominante, conservait alors une telle prépondérance sur le militaire ou sur la société,

que je crus convenable à la sagesse du réformateur, de sauver sa délicatesse et d'éluder son
crédit. Je vis qu'on n'y parviendrait qu'en jetant
un voile adroit sur les opérations de finance de
cette même maison, jusqu'au jour du 15 Mars
1789 (jour où j'écrivais), lesquelles couvri-
raient les prodigalités qui auraient pu résulter
de son même crédit, ou de l'entretien du nombre des gens dont elle prenait soin pour s'accré-
diter. Il y avait même possibilité qu'elle eût
cherché à se ménager des fonds, à cette même
époque, par l'effet de la prévoyance des événemens qui ont succédé à la convocation des Etats
généraux. Il me semblait que cette mesure entrait dans les sages précautions prises pour
qu'ils fussent plus utiles, et rendre sans effet
quelques intrigues qui se ménageaient déjà, soit
contre le bien public, soit contre l'envie plus
ou moins légitime que l'on portait déjà, dans
cette province, à cette même maison.

On voit que je voulais marcher à grands pas,
et éviter les petites chicanes qu'auraient pu produire des disputes de mots, des disputes de
comptes, ou un esprit de révolte dans une partie des provinces où la maison de Condé avait
des partisans, notamment dans celle de Bourgogne, où elle exerçait une puissance réelle
sur tout ce qui tenait à son administration. Elle
s'était concilié, depuis quelques années, les
corps de la magistrature, et l'un de ceux, par-

ticulièrement, qui avait, dit-on, un systême de conduite très-dangereux contre ses ennemis. Il ne fallait qu'un moment et qu'une circonstance pareille pour échauffer les humeurs dans le sens où se sont toujours montrés les Bourguignons dans les troubles publics, ou dans les actes généreux qui leur ont mérité des remercîmens authentiques de la part du gouvernement de tous les âges. Leurs développemens eussent été d'une telle conséquence, et l'on pouvait d'autant plus les craindre, qu'ils ont toujours été réglés par de grands moyens de toute espèce, au moral comme au physique, soutenus par un grand courage quelquefois militaire, et par une succession de préjugés que des princes puissans, mais factieux, qu'ils idolâtrèrent jusqu'à la mort de Charles le Hardi, avaient fait passer dans leur sang, et qui n'étaient point encore dissipés.

On a pu remarquer qu'ils ont porté l'esprit de la révolution aussi loin qu'il a pu l'être, et que nul département, nulle proximité de lieux, n'a pu fournir de sujets d'une si haute prépondérance dans les premières magistratures du gouvernement actuel, même dans les subdivisions de sa puissance ministérielle.

Sur le Chapitre V, page 26 (*).

Il y est proposé au premier paragraphe de la page 24, la formation d'un registre contenant tous les imposables dans l'ordre de la propriété. Ce projet ressemble si bien à ce qui a été mis en usage depuis la révolution, dans cette partie, qu'on ne peut douter qu'on ne m'ait copié mot à mot, pareillement pour les formes, pour les noms, et pour ceux que je donne aux différentes divisions des terreins, comme au papier du registre. Il reste à remplir une des principales vues de ce chapitre, qui est de faire mesurer le territoire par une réunion, que j'indique, d'ingénieurs militaires, de ceux appelés des ponts et chaussées, avec les arpenteurs du pays. J'entre jusque dans les plus petits détails pour parvenir au succès de cette opération, jusque dans ceux qui doivent appartenir au régime, à l'ordre, et aux moyens de subsistance qu'il convient d'employer pour ceux que l'on occupera de cette opération intéressante, afin d'y porter toute l'économie et la rectitude dont elle est susceptible.

(*) Intitulé Moyens de bien connaître les objets imposables, et de former une bonne assiette d'impôts.

On pourrait joindre à la réunion des employés que j'indiquais alors (le 15 Mars 1789),
quelques élèves et même un grand nombre
bien réparti de ceux de l'école topographique
militaire , ou de nouveaux ingénieurs géo-
graphes.

Il faudrait en faire la répartition dans les départemens où se commencera le travail, afin de
donner plus d'émulation à ceux que nous indi-
quons comme propres à la confection de cette
délicate et sage entreprise. Nous invitons le
lecteur, sur-tout les hommes du gouvernement,
à lire avec attention ce chapitre, et à se fixer
même aux conventions des principaux habitans
de la campagne , pour tromper le commissaire
de l'imposition sur les objets qui les concernent.
Voyez les pages 37, 38, 39, 40 et 41 de mon
ouvrage , qui est maintenant très - rare; il
peut y en avoir un ou deux exemplaires à la
bibliothèque nationale, rue de la Loi, outre
celui que j'y ai déposé avec d'autres brochures,
pour être à la disposition du gouvernement,
avec une explication ou commentaire à peu
près pareil au présent, pour celui intitulé:
*Premier Plan qui a donné lieu à la régé-
nération de la France.* Je me réserve , pour
un autre moment, à expliquer l'intention , le
pourquoi elles ont été composées, et leur utilité dans le tems.

Sur les Chapitres I.er et II de la seconde partie, depuis la page 43 jusqu'à 52.

Ces chapitres offrent des modèles maintenant inutiles, qui ont été dans le tems, en partie, employés pour la formation des états provinciaux, ressemblant à-peu-près aux assemblées de districts et de départemens. Il y est question de l'organisation de certains bureaux ; en conséquence on y avait joint dans le même tems quelques cahiers manuscrits, pour éviter certains abus connus, qui avaient lieu alors dans les administrations appelées pays d'états.

Il ne reste plus à remarquer dans ces chapitres, que le paragraphe ayant rapport à certaines visites que je voulais, à l'époque où j'écrivais, faire faire par une commission intermédiaire, qui parcourerait presque sans cesse le département dans lequel je voulais qu'elle fût établie.

Je ne sais pas, maintenant, si ces commissions départementales feraient le même bien qu'on s'en promettait alors ; l'expérience de ce qui s'est passé, sous ce rapport, porte à croire qu'aussitôt qu'elles seraient connues, on emploierait toutes sortes de moyens pour les prévenir ou les corrompre. Grand nombre de visiteurs et de visités se trouvaient encore à peu près de la même espèce, gens à besoins ou à présens ; plusieurs sont liés dans les départemens par des rapports de commerce et d'affaires, et tout se calculerait sur ce pied, jusqu'à ce que des hommes délicats, étant au-dessus du besoin et de ces sortes de prévenances, pussent être introduits, ou rechercher les places dans ces mêmes départemens, propres à seconder l'administration publique.

Sur le Chapitre III de la seconde Partie, page 47 jusqu'à 52.

Ce chapitre contient la dépense de l'ancienne administration de Bourgogne, pour servir de pièce de comparaison entre cette administration et celle projetée pour mettre sur le même régime et dans la même forme tous les départemens de France, appelés alors provinces, article qui, dans le tems, fut trouvé assez intéressant, et même essentiel, maintenant inutile à lire.

Sur les Chapitres I.er et III de la troisième Partie, page 53.

Il m'a fallu montrer par ce chapitre le tableau des seules personnes libres, quant à la représentation administrative.

Elle se réduisait à une petite quantité d'indi-
vidus, en comparaison du nombre de citoyens
y ayant également droit, et par la propriété, et
par la consistance dans la société, encore ce
n'était que dans quatre provinces appelées pays
d'état, dont quelques personnes, qui y avaient
le même droit, s'en étaient laissé écarter par une
certaine mesure, de pure formalité, qui leur
était opposée, et dont il est parlé dans le discours précité.

J'ai cru devoir me servir, dans plusieurs de
mes chapitres, de quelques considérations gé-
néalogiques convenables au tems où elles
étaient la mesure de ce qui en était même le
plus étranger. J'en usai aussi pour intéresser
les plus bienveillans. Ils donnaient alors, à un
point singulier, dans l'esprit de réforme. Ils
étaient aussi les plus puissans. Plusieurs dominaient dans le conseil. Ceux qui furent de suite
nommés députés, furent les premiers à se mêler
avec ce qu'on appelait alors le tiers. Tous, et
les ministres eux-mêmes, m'a-t-on dit, idolâ-
traient ces chapitres de mon mémoire, où la
mode de ce même tems se produisait avec la
morale; ils en suivirent sincèrement l'esprit,
aussi long tems qu'ils purent y prendre part par
eux-mêmes; mais l'autre partie, sévère, délicate,
et encore plus susceptible de défiance, qui
m'avait encore mieux entendu, ne crut pas devoir leur laisser consommer l'exercice d'un

objet dont ils auraient peut-être dénaturé la suprême existence.

Quant au ministre, je crus avoir besoin, d'après un des chapitres de son livre, intitulé *de l'Administration dés Finances*, de lui adresser, dans mon ouvrage, pages 72, 73 et fin de celle 80, des objections majeures sur la manière dont il envisageait une portion des plus intéressantes de citoyens. Quand à la délibération administrative, cette portion de propriétaires fonciers se trouvait être celle qui appartenait à toutes les magistratures en général, et aux hommes maintenant les plus utiles à la société, et par la consistance de leur fortune, et par l'universalité de leur crédit. Voyez le bas de la page 81.

Ce n'était que par un vice du gouvernement ou par une négligence impardonnable de sa part, que cette même partie de citoyens n'avait pas été mise en mesure d'être recherchée dans toutes les provinces, également pour faire corps dans la partie administrative avec toutes les familles de ceux qui en avaient continué l'habitude.

Avant le quinzième siècle, et à peu près à la moitié ou à la fin du même siècle, où les armées n'étaient pas encore à la disposition annuelle du souverain, et dans les tems que les propriétaires s'y rendaient pour quelques mois avec leur contingent, il n'assistait aux délibérations administratives que des libres. Quand aux cultivateurs de ce même tems, qui n'étaient que journaliers, que rétenteurs de fonds, ou domestiques à gages, ils ne pouvaient sortir que d'une liberté imparfaite.

Tous les propriétaires fonciers qui n'étaient pas dans ce cas, et sur-tout les descendans des hommes en place, ayant possédé des charges, des magistratures, avaient plus qu'un caractère de liberté, puïsqu'ils avaient des prérogatives spéciales ou transmissibles, qui les mettaient en parité avec tout ce que les hommes les plus distingués, parmi la commensalité de la cour, ou les grandes autorités dans les armées, pouvaient offrir de plus parfait dans l'ordre des libres ou des propriétaires fonciers.

Plusieurs possédans des fiefs les avaient acquis noblement, et étaient reconnus dans la société, pour faire partie d'un ordre. Je pensais que si cet objet n'était pas pris dans la plus juste et dans la plus haute considération, il se ferait un mouvement général pour rendre à tous les citoyens, devenus libres par le rachat de gré à gré des concessions de fonds, soit par leur acquisition dans la mesure convenable, même par les possesseurs des plus petites propriétés, la liberté qui appartient à tous les propriétaires fonciers, qui ne sont pas dans la dépendance domestique. Ce grand point de vue m'a conduit de suite aux principes qu'on trouve dans ma conclusion, page 80 et suivantes, qui étaient alors bien nouveaux pour le tems, de demander un registre unique d'impôt, sans distinction de nom, de rang, où chacun, fût-il noble ou non, fût inscrit à la suite les uns des autres, comme à son baptême.

Il était bien intéressant de faire cesser chez les uns et chez les autres les combats livrés à l'amour propre ou à la sensibilité des meilleurs propriétaires, qui allaient cacher leur nullité dans la capitale de la France, notamment dans l'inoccupation, et quelquefois dans les compagnies obscures et dangereuses des grandes cités. D'autres y liaient leurs travaux, comme ceux usuraires, à des places de finance; d'autres cherchaient à entrer dans la commensabilité de la cour, où ils acquéraient ce crédit qui fut si souvent subversif du trésor public et de la moralité du gouvernement; d'autres enfin, pour se donner plus de consistance, allaient dissiper leur fortune parmi les étrangers, chez lesquels ils emportaient les alimens de leurs domaines, qu'ils auraient doublés par leur présence, comme ils auraient bonifié le pays par la représentation et les besoins sans cesse renaissans de la richesse.

La classe des cultivateurs n'étant point appelée personnellement à la délibération administrative, tombait dans une telle dégradation, que sa moralité ne se formait nullement à l'avantage de la patrie ni à celui de la société; et que ceux en qui des ressources intellectuelles venaient à se développer , allaient chercher aussi dans la capitale, des moyens de paraître avec plus d'honneur, et privaient leur pays d'un homme utile ; d'autres, enfin, abandonnaient leurs foyers , se retiraient dans les petites villes voisines de leur village , se livraient à la ministérialité ; et il était bien rare qu'il y en eût quelques-uns plus distingués par l'art oratoire du barreau , que par le talent, si dangereux pour la société, dans les contestations particulières.

J'ai néanmoins des exemples à donner, qu'il existe dans ces mêmes cités du second et du troisième ordre , quelques hommes rares et capables de plusieurs genres de magistratures où il faut un grand développement de moyens et un grande profondeur d'études , comme d'aspirer aux places de la première consistance dans la république , que s'est réservé de conférer le premier magistrat , qui ne s'est point encore trompé jusqu'ici dans la nomination aux fonctions propres à maintenir le bon ordre entre tous les citoyens ou dans les distinctions nationales.

Suite du Chapitre précédent.

QUOIQUE je destinasse ce plan pour le premier ministre des finances, je sentis qu'il ne réussirait pas, si je ne touchais sensiblement le gouvernement d'alors, et le roi lui-même, dans sa lecture comme dans son exécution. Je croyais, je l'avoue, voir pour moi un moment de crise où, par la brillante initiative que j'y aurais donnée, il m'en serait résulté la plus grande gloire, et par-dessus tout la confiance générale de mes concitoyens, même celle du ci-devant roi, qui en était alors le premier magistrat, d'autant mieux qu'il paraissait se prêter de la manière la plus franche aux grandes vues de son premier ministre, qui voulait l'affranchir de ses domestiques, de ses courtisans corrompus, et solder la dette publique.

C'était pour le maintenir dans cette disposition, par mes principes bien expliqués, ou pour assurer, en quelque sorte, une charte à la nation, qu'au mois de Février 1791, je lui fis présenter une adresse imprimée, sous le nom de *Lettre au Roi*. J'y donnai toute l'authenticité possible; je la fis remettre au président de l'assemblée nationale (M. Fréteau), par M. Erard de C***. Ce dernier était député du bailliage, lieu de ma naissance, qui était celui de la M..... en la province qui a pris le nom de département de la C.....

Par l'effet d'une déférence qui lui fut agréable, je fis remettre un autre exemplaire au roi lui-même, par le ci-devant duc de Villequier, son premier gentilhomme de la chambre, dont je reçus la réponse la plus honnête, en date du 10 Février 1791. Ce grand officier du service, de ce qu'on appelait alors de sa couronne, me marquait que, quittant son quartier pour être remplacé par M. de Duras, autre premier gentilhomme de la chambre, qui lui succéda en effet, ce serait lui qui remettrait mon adresse imprimée au roi lui-même. J'ai déposé cette lettre de M. de Villequier entre les mains du gardien des livres imprimés de la bibliothèque nationale, en Frimaire dernier, an 11, pour l'attacher à l'exemplaire de cette même lettre au roi, joignant mon ouvrage intitulé : *Premier Plan qui a donné lieu à la régénération de la France*. Nous renvoyons au texte de ladite adresse, d'autant mieux qu'il facilitera, par un double commentaire, la lecture de l'ouvrage dont il s'agit. On trouvera, dans le cours des pages, de petites lettres alphabétiques renvoyant au bas de ladite page, qui reporte les principes à chacun des chapitres de mon ouvrage, et les chapitres aux principes. Nous observons que ces mêmes principes sont tellement fondamentaux du droit des citoyens, qu'ils sont devenus la pierre angulaire de toutes les constitutions, quoiqu'elles lui soient postérieures, puisque cette pièce est antérieure au 10 Février 1791, date de la réponse de M. de Villequier, et que la première constitution est du mois de Septembre suivant. Cet écrit se trouve tellement en mesure, même de la constitution du 8 Brumaire an VIII, que nous avons pris le parti de le reproduire plusieurs fois, tant au président de l'assemblée nationale qu'à celui de l'assemblée conventionnelle, que dans un petit ouvrage dont nous avons fait hommage l'été dernier au tribunat, qui en a ordonné la mention en son procès-verbal, et le renvoi à sa bibliothèque.

Le public ne sera point choqué des marques de dévouement que nous donnions au ci-devant roi; je les ai retranchées lorsque j'ai reproduit la pièce dont il s'agit; et cependant cette lettre prouve mon zèle ardent pour la patrie et pour le gouvernement, sous quelque forme qu'il se manifeste. J'avais trop vécu dans l'ancien, où j'appartenais à deux ministres, pour ne pas connaître l'esprit de la cour. Il s'était si bien rétréci, par la suite de certaines ordonnances de Louis XV, pour favoriser quelques particuliers, aux dépens du système fondamental, que les connaissances de son successeur, et par conséquent de toute la cour, qui souvent prévalaient sur le conseil, se portaient particulièrement sur certaines considérations, comme sur les petites mesures dont j'ai cru devoir me servir dans quelques-uns de mes chapitres, pour aider le premier ministre des finances dans ses idées de bonnifier le sort de la masse générale des citoyens. J'ai cru devoir, en même tems, me servir des objets qui intéressaient le plus cette réunion, afin d'être mieux entendu : aussi ai-je été parfaitement compris, comme je l'ai su depuis par la manière dont en avait parlé le ci-devant roi lui-même. Le monarque marchait encore, en ce moment, dans une parfaite mesure avec le ministre réformateur.

Je m'arrête sur ce dernier chapitre : il suffit à cet essai. Je me repose également sur cette portion de ma vie privée, qui apprend sans plus de détail à mes lecteurs, que mon illustre amie, par les circonstances du devoir de son ancienne place, et de certains liens indissolubles, fut obligée de se retirer en pays étranger.

On verra par un petit traité en forme de lettres, que je me propose de donner, la situation des cours de l'Europe aux différentes époques de la régénération française. On y verra l'amour que mon illustre amie conserva pour sa patrie. Elle repose depuis douze ans dans

les champs de la Germanie. J'ai vu au cré-
puscule de l'astre que fuit l'ange des ténèbres,
dans un de ces songes consolateurs que la
suprême puissance accorde aux peines déchi-
rantes des humains, son ame se placer dans les
cieux.

Je vous offre aussi, citoyen Premier Consul,
l'hommage de cet essai. Ne me trouvant pas
assez dans la mesure des importantes commu-
nications si désirables à établir près d'un aussi
grand homme, je m'y lie le plus que je le puis,
par mes écrits, par le témoignage de mon zèle
dans la publicité de celui-ci, qui fait partie des
mélanges politiques, en manuscrit, dont j'ai eu
également l'honneur de vous faire hommage,
dans votre bibliothèque particulière, il y a près
de deux mois.

FIN.